BACKEN UND KOCHEN MIT LUPINEN

Annemarie Beckmann

Backen und Kochen mit Lupinen

Gluten- und Laktosefrei genießen

Synergia

Erstausgabe 2018
Erschienen im Synergia Verlag, Basel, Zürich, Roßdorf
eine Marke der Sentovision GmbH
www.synergia-verlag.ch

Umschlaggestaltung, Gestaltung und Satz: Mario Metz, FontFront.com, Roßdorf
Fotos: Annemarie Beckmann
Coverbild: Ingmar Wein

Vertrieb durch Synergia Auslieferung
www.synergia-auslieferung.de

Printed in EU
ISBN-13: 978-3-906873-41-1

Bibliografische Information der Deutschen Bibliothek
Die Deutsche Bibliothek verzeichnet diese Publikation in der deutschen Nationalbibliografie;
detaillierte bibliografische Daten sind im Internet unter http://dnb.ddb.de abrufbar.

Inhaltsverzeichnis

Wissenswertes von der Lupine 10
Inhaltsstoffe der Lupine 11
Hinweise zur Verarbeitung 12
Über die Autorin 115

Suppen

Möhren-Kokoscreme-Suppe 16
Rote Suppe 18
Spitzkohl-Kartoffelsuppe 20
Kalte Gurkensuppe 22
Kürbis-Kokoscreme-Suppe 24
Apfel-Möhrensuppe 26

Kreative Hauptspeisen

Basmatireis-Gemüsepfanne 30
Safran-Reis-Pfanne 32
Gemüsepfanne mit Spiegelei 34
Pfannkuchen mit Champignons 36
Gefüllte Paprika 38
Spargelpfanne mit Thunfisch 40
Grüne Reste-Pfanne 42
Pasta mit Kräuterpesto 44
Fenchel-Kartoffel-Gemüse 46
Butterschmalzgemüse 48
Paprika-Reis 50
Spitzkohl-Hack 52
Basikilum-Pesto 54

Backen

500 g Dunkles Kastenbrot 58
Dunkles Kräuterbrot 60
Schokoladen-Kuchen 62
Mandel-Eierlikör-Gugelhupf 64
Orangen-Kuchen 66
Hafer-Gugelhupf 68
Mohntorte 70
Rosen-Gugelhupf 72
Saftiger Aprikosen-Kuchen 74
Aprikosen-Crumble 76
Müsli-Schoko-Berge 78
Möhren-Mandel-Kuchen 80
Mandel-Gugelhupf Limettenguss 82
Obsttorte mit Schokoboden 84
Mandel-Gugelhupf 86

Smoothies

Grüner Smoothie Feldsalat 90
Grüner Smoothie Ananas 92
Bananen-Joghurt-Smoothie 94
Sommer-Smoothie 96
Avocado-Cocos-Smoothie 98
Joghurt-Smoothie 100

Nachspeisen

Avocado-Limetten-Creme 104
Preiselbeer-Quark-Dessert 106
Fruchtpudding 108
Apfel-Espresso-Dessert 110
Choco-Heidelbeer-Mousse 112
Mousse au chocolat 114

Wissenswertes von der Lupine

Die Lupine ist eine Hülsenfrucht, wie z.B. die Bohne und die Erbse. Schon bei den alten Ägyptern und bei den Griechen waren die Lupinensamen ein hochwertiges Lebensmittel und mit anderem Getreide gleichgestellt. Im 12. Jahrhundert hat Hildegard von Bingen die Lupine in verschiedenen Zubereitungen gegen Krankheiten eingesetzt. Ursprünglich waren die Samen durch die Alkaloide giftig, schmeckten bitter und mussten mühsam ausgewaschen werden. Züchtern ist es gelungen alkaloidarme Sorten zu züchten. Unsere Lupinen kommen ursprünglich aus dem Mittelmeerraum und werden mittlerweile in ganz Europa angebaut. In Nord- und Ost-Deutschland gedeiht die blaue Süsslupine am besten. Sie wird ökologisch angebaut.

Aufgrund der wertvollen Inhaltsstoffe ist die Lupine wieder auf dem Vormarsch. Sie wird überwiegend in gemahlener Form für Brot und andere Backwaren verarbeitet. Aber auch Lupinenschrot und -flocken kann man, wie in meinen Rezepten, für viele Speisen verwenden. Wegen des intensiven Geschmackes sollte man nur ca. 15-20 % des zu verwendeten Mehls durch das Lupinenmehl ersetzen.

Inhaltsstoffe der Lupine

Bei den Inhaltsstoffen hebt sich besonders der hohe Eiweißgehalt mit 36-48% hervor. Es sind alle Aminosäuren enthalten, die der menschliche Körper benötigt. Die Süsslupine enthält kein Gluten und keine Stärke. Der Fettanteil von 4-7% besteht zu einem großen Teil aus einfach und mehrfach ungesättigten Fettsäuren. Die Kohlenhydrate betragen nur 5%, Mineralstoffe 4-5%. Die Lupine ist ein Lieferant von Ballaststoffen, Mineralstoffen und Spurenelementen, besonders von Kalium, Calcium, Magnesium, Eisen, Mangan, Zink und Selen, sowie Karotin, Vitamin-E- und Vitamin-B-Komplex.

Wie jedes Lebensmittel kann aber auch die Süsslupine Unverträglichkeiten und Allergien verursachen, besonders bei Menschen mit einer bekannten Erdnussallergie. Aufgrund des hohen Gehaltes an antioxidativ wirkenden Inhaltsstoffen erhöht Lupinenmehl die Haltbarkeit der Backwaren.

Es verleiht dem Gebäck außerdem eine leichte Gelb-Färbung und einen nussigen Geschmack. Daher sollte der Anteil des Lupinenmehls nicht zu hoch sein, weil es ansonsten hervorschmecken könnte.

Hinweise zur Verarbeitung

Das Lupinenmehl lässt sich gut mit anderen Mehlen mischen und verarbeiten. Es bindet relativ viel Wasser und macht den Teig elastischer. Er lässt sich gut mit angefeuchteten Händen oder Löffeln in „Form“ bringen. Der Eiweißanteil bindet den Teig gut, weshalb man beim Backen ein Ei weniger verwenden kann.

Bei allen Rezepten können die gluten- und laktosefreien Produkte in gleicher Menge durch andere ersetzt werden.

Die angegebenen Backzeiten variieren je nach Backofen. Ich habe alle Backwaren mit Ober- und Unterhitze gebacken.

Die Lupinenprodukte erhält man in Bioläden, Reformhäusern und zum Teil auch in gut sortierten Lebensmittelmärkten, sowie über den Internethandel.

Für die vegetarischen oder veganen Varianten benötigt man teils Substitute, die im Handel erhältlich sind, wie zB vegane Sahne oder Fleischersatz. Bei Gerichten mit Meeresfrüchten, lässt man diese einfach weg.

= vegetarisch

= optional vegetarisch

= vegan

= optional vegan

als Vor- oder Hauptspeisen

Möhren-Kokoscreme-Suppe

4 Portionen

Zutaten

4 große Möhren

3 große Kartoffeln

200 ml Orangensaft oder 100 ml Wein, Sekt oder Cidre

1 Dose Kokoscreme

3 kl. Scheiben Ingwer

½ Becher Schmand

2 EL Lupinenflocken

Gemüsebrühe, Zitronenpfeffer, Zucker

Zubereitung

- Möhren und Kartoffeln waschen, schälen und in ca. 2x2 cm große Stücke schneiden.
- Ingwer dazugeben.
- Gemüsebrühe auffüllen bis das Gemüse bedeckt ist.
- Ca. 20 Min. kochen.
- Den Orangensaft, die Kokoscreme und die Lupinenflocken dazugeben und gut durchrühren.
- Das Kochgut etwas abkühlen lassen.
- Alles in einem Mixer pürieren.
- Den Schmand hinzufügen.
- Mit Zucker und Zitronenpfeffer abschmecken.
- Die Suppe kurz aufkochen und servieren.

Tipp

Schmeckt sehr gut mit einer Shrimpseinlage.

Rote Suppe

4-6 Portionen

Zutaten

4 große Möhren

2 mittelgroße Rote Beeten

2 rote Spitzpaprika

3 mittelgroße Kartoffeln

200 ml Sahne

3 EL Lupinenflocken

Gemüsebrühe, Zitronenpfeffer, Zucker, Salz

Zubereitung

- Rote Beeten, Möhren, Spitzpaprika und Kartoffeln waschen, schälen.
- Möhren, Paprika und Kartoffeln in ca. 2x2 cm große Stücke schneiden.
- Rote Beeten halbieren und in ca. 2 mm dünne Scheiben schneiden.
- Gemüsebrühe auffüllen bis das Gemüse reichlich bedeckt ist.
- Die Lupinenflocken unterrühren.
- Alles ca. 20 Min. kochen.
- Das Kochgut etwas abkühlen lassen.
- Alles in einem Mixer nach und nach pürieren.
- Die Sahne hinzufügen.
- Mit Zucker, Salz und Zitronenpfeffer abschmecken.
- Die Suppe kurz aufkochen und servieren.

Tipp

Da die Rote Beete extrem färbt, das Gemüse mit Küchenhandschuhen putzen.

Spitzkohl-Kartoffelsuppe

4 Portionen (mit oder ohne Lachseinlage)

Zutaten

ca. 500 g Spitzkohl

2 Schalotten (oder 1 Zwiebel)

1 Knoblauchzehe

3 Möhren ca. ½ cm dick

4 mittelgroße Kartoffeln

½ TL Kreuzkümmel

Gemüsebrühe

2 gehäufte EL Lupinenflocken

150 ml Sahne

Salz, Pfeffer, Butterschmalz

Zubereitung

- Spitzkohl in Streifen schneiden, Schalotten und Knoblauch fein würfeln, geschälte Kartoffeln würfeln und geschälte Möhren in Scheiben schneiden.
- Butterschmalz in einem großen Topf schmelzen.
- Schalotten, Knoblauch und Kümmel andünsten.
- Das Gemüse dazu geben und kurz andünsten.
- Mit Brühe auffüllen bis das Gemüse bedeckt ist und zugedeckt ca. 20 Min. garen. Lupinenflocken nach 15 Min. dazu geben und unterrühren.
- Die Suppe etwas auskühlen lassen, pürieren (oder im Mixer nach und nach mixen).
- Die Sahne dazugeben, mit Salz und Pfeffer abschmecken.
- 1-2 Lachsfilets braten oder dünsten, in Stücke schneiden, in die Suppe oder direkt in die Teller geben.

Tipp

Schmeckt auch seht gut mit beliebiger Wursteinlage z.B. auch Lupinen-Wurst

Kalte Gurkensuppe

für heiße Tage

2-3 Portionen

Zutaten

1 Salatgurke

500 g Naturjoghurt

2 EL Lupinenflocken

2 EL Olivenöl

2 EL Dillspitzen (frisch oder gefroren)

Salz und Pfeffer

Zubereitung

- Salatgurke schälen und in grobe Stücke schneiden.
- Mit den Lupinenflocken und ⅓ Joghurt pürrieren oder mixen.
- Restliches Joghurt, Olivenöl und die Dillspitzen unterrühren.
- Mit Salz und Pfeffer abschmecken.

Tipp

Roggenbaguette als Beilage.

Kürbis-Kokoscreme-Suppe

8 Portionen

Zutaten

1 großer Hokaido-Kürbis

4 mittelgroße Kartoffeln

1 Zwiebel

1 kl. St. Ingwer

1 400 ml Dose Kokoscreme

½ TL Kümmel

3 EL Lupinenflocken

Gemüsebrühe

Kurkuma, Salz, Zucker und Zitronenpfeffer oder schwarzer Pfeffer

Zubereitung

- Kürbis aufschneiden, Kerne und Fasern entfernen, Kürbis in Stücke schneiden (ca. 3x3 cm).
- Kartoffeln schälen, in ebenso große Würfel schneiden.
- Zwiebel und Ingwer schälen und in Würfel schneiden.
- Alles in einen großen Topf (ca. 4 l) füllen, mit der Gemüsebrühe auffüllen bis alles bedeckt ist.
- Kümmel dazugeben, unterrühren.
- Ca. 20 Min. kochen.
- Etwas abkühlen lassen.
- Im Mixer mit den Lupinenflocken nach und nach pürieren.
- Kokoscreme unterrühren oder mit der letzten Portion im Mixer pürieren.
- Abschmecken mit mindestens 1 geh. Löffel Kurkuma, Salz, Zucker und Zitronenpfeffer.

Tipp

Kürbiskerne rösten und auf die Suppe streuen.

Schmeckt sehr gut mit Meeresfrüchten als Einlage.

Apfel-Möhrensuppe

5-6 Portionen (als Hauptgericht)

Zutaten

2 große Äpfel

4 große Kartoffeln

6 Möhren mit Grün

Gemüsebrühe

3 EL Lupinenflocken

Zitronenpfeffer

Kurkuma

Salz

100 ml Sahne

100 ml Schmand

Zubereitung

- Geschälte Kartoffeln würfeln und geschälte Möhren in Scheiben schneiden.
- Ungeschälte Äpfel entkernen und in Stücke schneiden.
- Das Möhrengrün grob schneiden.
- Alles in einem Topf mit Wasser bedecken und zum Kochen bringen.
- Dann mit Gemüsebrühe, Zitronenpfeffer, Kurkuma und Salz würzen und ca. 15 Min. weiter kochen.
- Lupinenflocken hinzufügen und weitere 5-10 Min. kochen.
- Suppe etwas abkühlen lassen.
- Im Mixer oder mit Pürierstab mixen.
- Die Sahne und den Schmand hinzufügen und abschmecken.
- Servieren.

Kreative Hauptspeisen

Basmatireis-Gemüsepfanne

2 Portionen

Zutaten

1 Tasse Basmatireis

2 Tassen Wasser

2 Msp. Salz

300 g gemischtes Gemüse nach Wunsch (frisch oder gefroren)

2 EL Olivenöl

1 TL Zitronenöl

Zitronenpfeffer, Salz

1 TL Lupinenschrot

1 TL Leinsamen

1 EL italienische Kräuter

Zubereitung

- Basmatireis im Topf mit Deckel ca. 12 Min. kochen.
- Inzwischen kleingeschnittenes Gemüse mit Olivenöl ca. 15-20 Min. in der Pfanne dünsten. (gefrorenes ca. 10 Min). Mit Salz, Zitronenpfeffer, Zitronenöl und den italienische Kräutern würzen.
- Den Leinsamen und das Lupinenschrot darüber streuen.
- Kurz durchziehen lassen. Den Reis in die Pfanne geben, alles gut durchmischen und servieren.

Safran-Reis-Pfanne

mit Hähnchenbrust und Banane

2 Portionen

Zutaten

1 Tasse Basmatireis

½ TL Safranfäden

Salz

Zitronenpfeffer

Currypulver

Zucker

1 Hähnchenbrust

1 große Banane (fest)

1 TL gerösteten Lupinenschrot
(kann auch ungeröstet verwendet werden)

½ Dose Kokosmilch (dickflüssig)

Zubereitung

- Den Reis in 2 Tassen Wasser mit etwas Salz und den Safranfäden in einem geschlossenen Topf ca. 12-15 Min. kochen (je nach Reissorte).
- In der Zwischenzeit die Hähnchenbrust in ca. 1x3 cm Streifen schneiden, die Banane in 1 cm dicke Scheiben schneiden.
- Die Hähnchenbrust in einer beschichteten Pfanne mit etwas Fett (z.B. Kokosöl) von einer Seite anbraten, wenden, die Bananenscheiben dazugeben und flach zwischen den Hähnchenstreifen verteilen.
- Alles mit etwas Zucker, dem Currypulver, dem Zitronenpfeffer und dem Lupinenschrot bestreuen.
- Wenn das Fleisch gar und die Bananenscheiben leicht angebraten sind (ca. 5 Min.), die Kokosmilch darüber verteilen und erhitzen.
- Den Reis auf den vorgewärmten Tellern verteilen und den Pfanneninhalt darüber geben oder
- Den Reis in die Pfanne geben und vorsichtig unter-mischen, auf den Tellern verteilen und servieren.

Tipp

- Lupinenschrot kann auch ohne rösten verwendet werden.
- Statt Fleisch kann man 2-3 Schalotten in Ringe schneiden und andünsten.

Gemüsepfanne

mit Spiegelei

2 Portionen

Zutaten

4 mittelgroße Kartoffeln festkochend

2 große Möhren

½ Kohlrabi

1 gelbe Paprika

ca. 100 g braune Champions

Saft einer halben Limette

2 TL Lupinenschrot

3 EL Olivenöl

1 TL Zucker, Salz, Zitronenpfeffer

1 EL Kräuter

Zubereitung In der Pfanne mit Deckel

- Kartoffeln schälen und in ca. 1 mm dünne Scheiben schneiden.
- Möhren schälen und in ca. 3 mm dünne Scheiben schneiden.
- Den Kohlrabi in ebensolche Scheiben schneiden.
- Paprika in 1 cm schmale Streifen schneiden und halbieren.
- Champignons putzen und in Scheiben schneiden.
- In der Pfanne das Olivenöl erhitzen und das Gemüse dazu geben.
- Das Gemüse mit dem Zucker bestreuen und mischen.
- Mit Salz und Zitronenpfeffer würzen.
- Lupinenschrot darüber streuen.
- Das Gemüse in der abgedeckten Pfanne ca. 15 Min. dünsten.
- 2 mal durchmischen.
- Die Kräuter dazu geben.
- Zwischenzeitlich die Spiegeleier braten und zum Gemüse servieren.

Pfannkuchen

mit Champignons

2 Portionen

Zutaten

250 g braune Champignons

½ rote Zwiebel

Zitronenpfeffer, Salz

1 TL Lupinenschrot

Olivenöl

Teig:

3 gehäufte EL glutenfreies Universalmehl

2 Eier Größe L

je ca. 100 ml Milch, Mineralwasser

½ TL Kräuter der Provence

Salz, Butter

Zubereitung

- Mehl, Eier, ½ Milch, ½ Wasser mit einem Rührgerät 1 Min. verquirlen.
- Wasser und Milch nach und nach dazu geben, so viel, dass eine dickliche Flüssigkeit entsteht.
- Kräuter und etwas Salz hinzufügen und mindestens ½ Stunde ruhen lassen.
- In der Zwischenzeit die Champignons putzen und in 2mm dicke Scheiben schneiden.
- Die Zwiebel in feine Würfel schneiden und in einer beschichteten Pfanne (für ca. Ø 28 cm) mit etwas Olivenöl andünsten.
- Die Champignons hinzufügen und alles solange braten, bis eine leichte Bräunung entstanden ist.
- Lupinenschrot darüber streuen und mit Salz und Pfeffer abschmecken.
- Gut durchmischen und in einen kleinen Topf füllen.
- Nach der Ruhephase den Teig nochmals aufrühren.
- Etwas Butter in die zuvor benutzte Pfanne geben.
- Bei mittlerer Stufe 2 große Pfannkuchen backen.
- Die im Topf heiß gehaltenen Champignons auf die Pfannkuchen geben und sofort servieren.

Tipp

Ein Salat dazu macht das Gericht perfekt.

Gefüllte Paprika

mediterran

2 Portionen

Zutaten

2 große Paprika

4 EL Gemüsemais aus dem Glas

4 große braune Champignons

2 kleine Schalotten

6 EL gehackte Tomaten aus der Dose

6 EL Reibekäse

2 EL Olivenöl

1 EL frisch gehackte oder getrocknete Kräuter (z.B. Kräuter der Provence)

1 EL Lupinenschrot

Salz, Zitronenpfeffer, Zucker

Zubereitung

- Paprika waschen, halbieren, Kerne entfernen und in eine leicht gefettete Auflaufform mit Deckel setzen.
- Champignons putzen und vierteln.
- Schalotten waschen und in dünne Ringe schneiden und mit dem Mais und den Tomaten mischen.
- 2 EL von dem Reibekäse und 1 EL Lupinenschrot untermischen.
- Das Ganze mit Salz, Zitronenpfeffer und etwas Zucker abschmecken.
- Die Paprikahälften mit der Mischung füllen. Den Rest drumherum verteilen.
- Je ein EL Reibekäse auf die Paprikahälften streuen.
- Im vorgeheizten Ofen auf 180°, 50-60 Min. garen, je nach Geschmack, ob Paprika bissfest oder weich sein soll.
- Dazu z.B. Basmatireis servieren.

Spargelpfanne mit Thunfisch

2 Portionen

Zutaten

1 Bund grüner Spargel

2 Schalotten

1 Tasse Basmatireis

1 Dose Thunfisch in eigenem Saft

1 TL Lupinenschrot

3 EL Olivenöl

½ TL Zucker

1 TL Zitronensaft

1 Schuss Weißwein oder heißes Wasser

Salz, Zitronenpfeffer

Zubereitung

- Spargel waschen und im unteren Drittel schälen.
- Spargel an den Enden knapp abschneiden und in ca. 4 cm lange Stücke schneiden.
- Schalotten waschen und in Ringe schneiden.
- In einem Topf Basmatireis mit 2 Tassen Wasser und etwas Salz zum Kochen bringen. Hitze auf Stufe 1 stellen und ca. 12 Min. garen.
- Inzwischen das Olivenöl in einer Pfanne erhitzen.
- Den Spargel mit den Schalotten in die Pfanne geben, mit dem Zucker bestreuen und mehrmals umrühren.
- Mit dem Weißwein oder heißem Wasser ablöschen.
- Zitronensaft dazu geben und das Lupinenschrot darüber streuen.
- Alles umrühren und ca. 12 Min. garen.
- Zum Schluss den abgetropften Thunfisch und den Reis unterheben.
- Mit Pfeffer und Salz abschmecken.
- Servieren.

Grüne Reste-Pfanne

mit Basmatireis

2 Portionen

Zutaten

⅛ Spitzkohl

5 Stangen grüner Spargel

2 Schalotten

½ Salatgurke

1 gestr. EL Rohrzucker

1 EL Limettensaft

1 TL Lupinenschrot

3-4 EL Olivenöl

1 gestr. EL süßer Senf

50 ml Sahne

Salz, Zitronenpfeffer

1 EL italienische Kräuter
(frisch oder getrocknet)

1 Tasse Basmatireis

2 Tassen Wasser, Salz

Zubereitung In der Pfanne mit Deckel

- Spitzkohl in schmale Streifen schneiden.
- Schalotten in Ringe schneiden.
- Spargel im unteren Drittel schälen, trockenes Ende abschneiden und in ca. 3 cm lange, schräge Stücke schneiden.
- Gemüse waschen und im Sieb abtropfen lassen.
- Gurken schälen und in ca. 1 cm große Würfel schneiden.
- Öl in der Pfanne erhitzen.
- Das Gemüse in die Pfanne geben, den Zucker darüber streuen, mischen und etwas karamelisieren lassen.
- Lupinenschrot + Limettensaft hinzufügen, mit Salz und Pfeffer würzen, mehrmals umrühren.
- Die Kräuter und die Gurkenstücke dazugeben.
- Die Pfanne mit Deckel verschließen und auf niedrigster Heizstufe ca. 10 Min. dünsten.
- Danach den Senf und die Sahne zufügen, alles gut umrühren, mit Salz und Pfeffer abschmecken und noch ca. 5 Min. dünsten (je nach Bissfestigkeit).
- Zwischenzeitlich den Reis mit dem Wasser in einem geschlossenen Topf kochen.
- Den Reis zu dem Gemüse in die Pfanne geben, alles gut mischen und servieren.

Pasta mit Kräuterpesto

2 Portionen

Zutaten

Spaghetti
(z.B. sehr gut Eigenmarke glutenfrei von Rewe)

Parmesan gerieben

Pesto:

1 EL Lupinenflocken

1-2 EL Olivenöl

2 Hand voll Basilikum

1 Hand voll Ruccola

3 Stiele Dill

½ Becher Schmand

Salz, Zitronenpfeffer

Chilliflocken in der Mühle

Zubereitung

- Kräuter waschen und trocken schütteln.
- Grobe Stiele entfernen.
- Die Kräuter, den Schmand, die Lupinenflocken, wenig Chilliflocken, etwas Salz und Pfeffer mit dem Pürrierstab sehr fein pürrieren.
- Das Olivenöl nach Geschmack hinzufügen.
- Mit den Gewürzen zur gewünschten Schärfe nachwürzen.
- Das Pesto über die gekochten Spaghetti geben und servieren.
- Nach Wunsch den Parmesan darüber streuen.

Fenchel-Kartoffel-Gemüse

2 Portionen

Zutaten

4 mittelgroße Kartoffeln festkochend

2 mittelgroße Fenchelknollen

Gemüsebrühe

4 EL Olivenöl

1 EL Lupinenschrot

50 g Schinkenwürfel

Salz, Zitronenpfeffer, Petersilie

Zubereitung

- Kartoffeln schälen und in ca. 2 cm Stücke schneiden.
- Fenchel von Stielen und Strunk trennen und ebenfalls in ca. 2 cm grosse Stücke schneiden.
- In einem Topf, das Gemüse mit der Gemüsebrühe bedeckt ca. 15 Min. kochen.
- Abgiessen (Brühe kann zur Weiterverwendung aufgefangen werden).
- In dem Topf das Olivenöl mit den Schinkenwürfeln erhitzen.
- Das Lupinenschrot dazu geben.
- Nach 1-2 Min. das Gemüse untermischen.
- Mit Salz und Pfeffer abschmecken.
- Die gehackte Petersilie untermischen und servieren.

Tipp

Schmeckt auch sehr gut ohne Schinken (vegetarisch) oder mit Rindswurstscheiben!

Butterschmalzgemüse

mit Lupinenschrot

2 Portionen

Zutaten

3 mittelgroße Kartoffeln festkochend

3 große Möhren

1 Kohlrabi

Gemüsebrühe

1 EL Butterschmalz

1 EL Lupinenschrot

Salz, Pfeffer, Petersilie

Zubereitung

- Kartoffeln schälen und in Stücke schneiden.
- Möhren putzen und in ca. 1 cm dicke Scheiben schneiden.
- Kohlrabi schälen und in Stücke schneiden.
- In einem Topf, das Gemüse mit der Gemüsebrühe bedeckt ca. 15 Min. kochen.
- Abgiessen (Brühe kann zur Weiterverwendung aufgefangen werden).
- Butterschmalz in dem Topf erhitzen.
- Das Lupinenschrot dazu geben und im Butterschmalz verteilen.
- Nach 1-2 Min. das Gemüse untermischen.
- Mit Salz und Pfeffer abschmecken.
- Die gehackte Petersilie untermischen.

Tipp

Schmeckt auch sehr gut mit Frikadellen,
oder Lupinen-Bratlingen

Paprika-Reis

2 Portionen

Zutaten

1 Tasse Basmatireis

1 gr. gelbe oder rote Paprika

½ rote Zwiebel

½ Dose geschälte Tomaten

2 Scheiben getrocknete Tomaten

1 ½ EL Lupinenflocken

1 EL Zucker

2 EL Olivenöl

1 Schuss Weißwein

100 ml Sahne

Salz, Pfeffer, Rosenpaprika

Zubereitung

- Paprika waschen, entkernen und in ca. 1 cm große Stücke schneiden.
- Zwiebel und getr. Tomaten in kleine Würfel schneiden.
- Olivenöl in der Pfanne erhitzen.
- Paprika, Zwiebel und getrocknete Tomaten dazu geben und auf mittlerer Stufe 2-3 Min. andünsten.
- Die Lupinenflocken darüber verteilen und alles mit dem Zucker bestreuen.
- Kurz karamellisieren und mit Weißwein ablöschen. (Kann auch Apfelsaft oder Wasser sein)
- Danach die Dosentomaten und zum Schluss die Sahne dazu geben.
- Zwischenzeitlich den Reis nach Angaben kochen.
- Das Gemüse auf kleinster Stufe ca. 10 Min. bissfest garen lassen.
- Mit Salz, Pfeffer und Rosenpaprika abschmecken.
- Den gekochten Reis untermischen und servieren.

Tipp

Falls das Gemüse zu dickflüssig ist, etwas Wasser oder Sahne zufügen.

Schmeckt auch sehr gut mit Garnelen!

Spitzkohl-Hack

2 Portionen

Zutaten

1 Tasse Basmatireis (oder Langkornreis)

2 Tassen Wasser

2 Msp. Salz

250 g Rinderhackfleisch
oder Vegi-Hack

½ rote Zwiebel (mittelgroß)

ca. 300 g Spitzkohl

1 TL Kümmel

Olivenöl, Zitronenpfeffer, Salz

1 TL Lupinenschrot

3 EL Sahne

Zubereitung

- Spitzkohl in feine Streifen schneiden (Strunk entfernen).
- Die Zwiebel fein würfeln.
- In einer Bratpfanne das Hackfleisch in Olivenöl von einer Seite scharf anbraten, wenden und die Zwiebel dazu geben.
- Nach 1-2 Min. das Kochfeld ausschalten und den Spitzkohl in die Pfanne geben.
- Etwas Olivenöl darüber träufeln, Kümmel, Lupinenschrot, Salz und Zitronenpfeffer dazugeben und ordentlich durchmischen.
- Die Sahne darüber gießen und nochmals durchmischen.
- Deckel auf die Pfanne legen und das Gemisch 10-12 Min. durchziehen lassen.
- Zwischenzeitlich den Basmatireis im Topf mit Deckel ca. 12 Min. kochen.
- Den Reis in die Pfanne geben, alles gut durchmischen, abschmecken und servieren.

Tipp

Schmeckt auch sehr gut mit einem Schuss Weißwein statt der Sahne.

Basilikum-Pesto

3-4 Portionen

Zutaten

ca. 150 g Basilikum – Blätter

einige Blätter Rucola

½ Dose geschälte Tomaten

2 EL Lupinenflocken

½ TL Zucker

Salz, Zitronenpfeffer, Olivenöl

Zubereitung

- Die Tomaten in den Mixer füllen.
- Dann das Basilikum, Rucola und die Lupinenflocken hinzufügen.
- Alles auf mittlerer Stufe sehr fein mixen. (Nicht zu lange, da das Pesto durch die ätherischen Öle sehr heiß werden kann!)
- Aus dem Mixer in einen kleinen Topf füllen.
- Mit Salz, Pfeffer und Olivenöl abschmecken.

Tipp

Schmeckt auch sehr gut mit einer Knoblauchzehe und 2 EL Parmesan.

Schokoladen-Kuchen
schwarz-weiß

Zutaten (für ∅ = 26 cm)

150 g Mehlmischung glutenfrei

70 g Buchweizenmehl

30 g Lupinenmehl

180 g Margarine

130 g brauner Rohrzucker

3 Eier

4 EL Trinkschokolade

1 Tasse (150 ml) Sahne

100 g Schokoraspeln

1 EL Rum

Topping:

100 g Bitterschokolade

60 ml Sahne

Puderzucker

Zubereitung

- Margarine, Zucker, Eier gut verquirlen, danach die Sahne und die Trinkschokolade dazugeben und verquirlen.
- Rum (wenn gewünscht) und die Mehle dazugeben, zum Schluß die Schokoraspeln, verquirlen.
- Die Springform mit Backpapier auskleiden oder fetten, Teig einfüllen.
- Backofen auf 180° vorheizen und ca. 45 Min. backen
- Den Kuchen etwas abkühlen lassen, aus der Form lösen, halbieren und weiter auf einem Kuchengitter abkühlen lassen.

Topping:

- Sahne erhitzen (nicht kochen), Schokolade darin schmelzen und über eine Kuchenhälfte verteilen.

Anrichten

- Den ganz erkalteten Kuchen in Stücke schneiden.
- Die zweite Hälfte mit Puderzucker bestreuen.
- Die Stücke im Wechsel auf einer Kuchenplatte anrichten.

Mandel-Eierlikör-Gugelhupf

Zutaten

200 g Zucker

1 Prise Salz

4 Eier

⅛ l Rapsöl

¼ l Eierlikör

100 g Mandeln gemahlen

1 EL Limetten- oder Zitronensaft

50 g Buchweizenmehl

50 g Maismehl

50 g Lupinenmehl

100 g Maisstärke

½ Weinstein Backpulver

Zubereitung

- Eier, Zucker, Salz und Öl schaumig-glatt rühren.
- Eierlikör, Mandeln, Limetten-/Zitronensaft zufügen und gut verquirlen.
- Mehle und Maisstärke mit Backpulver gut mischen und die verquirlte Mischung nach und nach unterrühren.
- Form fetten und mit Buchweizenmehl ausstäuben.
- Die Masse in die Form füllen und im vorgeheizten Ofen auf 190° ca. 40-45 Min. backen.
- Stäbchenprobe!
- Nach dem Erkalten, den Kuchen aus der Form lösen und mit Puderzucker bestäuben oder mit einer Zitronenglasur überziehen.

Orangen-Kuchen

Zutaten (für Ø = 26 cm)

100 g Zucker

80 g Rohrzucker

5 Eier

2 TL Backpulver

200 g Mandeln gemahlen

70 g Lupinenflocken

1 Prise Salz

Saft und Schale von 2 unbehandelten Orangen

Zubereitung

- Eier trennen
- Zucker und Eigelb so lange schaumig rühren bis sich der Zucker aufgelöst hat.
- Orangenschale und -saft (2 Esslöffel) und Backpulver dazurühren.
- Mandeln und Lupinenflocken unterheben.
- Eiweiss mit Salz steif schlagen und unter die Teigmasse heben.
- Springform (Ø = 26 cm) mit Backpapier auslegen und Rand leicht buttern.
- Backofen auf 180° vorheizen und Kuchen ca. 30 Min. backen.
- Stäbchenprobe!
- Wenn der Kuchen noch nicht durchgebacken ist, notfalls mit Backpapier abdecken und ca. weitere 10 Min. backen.
- Den Kuchen aus dem Ofen nehmen, mit Zahnstocher mehrmals in den Kuchen stechen und auskühlen lassen.
- Backpapier entfernen.
- Den Kuchen mit dem restlichen Saft beträufeln und mit Puderzucker bestäuben oder einen Puderzuckerguss herstellen und diesen auf dem Kuchen verstreichen.

Hafer-Gugelhupf

Zutaten

150 g zerlassene Butter

80 g brauner Rohrzucker

200 g glutenfreie Haferflocken

50 g Lupinenflocken

4 Eier

1 Pck. Weinsteinbackpulver

1 Pck. Vanillezucker

5 EL Eierlikör oder Milch

100 g Schokoraspeln oder -streusel

Zubereitung

- Butter, Eier, Rohrzucker, Vanillezucker und Backpulver schaumig rühren.
- Die Lupinenflocken im Mörser zerreiben und mit den Haferflocken dazu rühren.
- Eierlikör oder Milch hinzufügen und die Schokoraspeln unterrühren.
- Die Gugelhupfform fetten.
- Den Teig in die Form füllen und im, auf 180° vorgeheizten, Backofen ca. 1 Std. backen.
- Stäbchenprobe!
- Den Kuchen aus dem Ofen nehmen und abkühlen lassen, dann vorsichtig auf eine Kuchenplatte stürzen.
- Den Kuchen mit Puderzucker bestreuen.

Mohntorte

mit Preiselbeer - Sahne

Zutaten (für Ø = 26 cm)

Boden:

1 Tasse Zucker

½ Tasse Lupinenmehl

½ Tasse Buchweizenmehl

1 Tasse Mohn

4 Eigelb

4 Eiweiss

1 TL Backpulver

1 Pck. Vanillezucker

1 EL heisses Wasser

Füllung:

250 ml Schlagsahne

1 Sahnesteif

250 ml Schmand

400 g Preiselbeeren aus dem Glas

Zubereitung

Boden:

- Eigelb,Wasser, die Hälfte des Zuckers und den Vanillezucker schaumig rühren.
- Eiweiss steif schlagen und den restlichen Zucker unterrühren.
- Mehle, Mohn und Backpulver mischen und unter die Eigelbmasse heben.
- Unter das Ganze die Eiweissmasse heben (nicht rühren)
- Springform (Ø = 26 cm) mit Backpapier auslegen und Rand leicht buttern, Teig einfüllen und verteilen.
- Backofen auf 175° vorheizen und Kuchen ca. 30 Min. backen.
- Stäbchenprobe!

Füllung:

- Die Sahne mit Sahnesteif steif schlagen.
- Den Schmand und die Preiselbeeren dazuschlagen.
- Auf dem ausgekühlten Boden die Füllung verteilen.

Variante:

- Boden quer durchschneiden zu 2 Böden, die Füllung auf beiden Böden verteilen.
- Die Böden aufeinander schichten und mit Schokoraspeln verzieren.

Rosen-Gugelhupf

Zutaten

200 ml Rapsöl

200 g Zucker

1 Pck. Vanillezucker

1 Prise Salz

1 TL gehäuft Backpulver

3 Eier

100 g Buchweizenmehl

50 g Lupinenmehl

50 g Universalmehl glutenfrei

100 g gehackte Mandeln

4 EL Rosenlikör oder Rosenwasser

125 g Puderzucker

1 EL gutenfreie Semmelbrösel (für die Form)

Zubereitung

- Die Eier schaumig schlagen. Zucker, Vanillezucker und Salz unterrühren. Nach und nach das Öl hinzufügen und rühren bis eine dickliche Masse entsteht.
- Die Mehle mit dem Backpulver mischen, die Mandeln und 2 EL Rosenlikör dazu geben und in den Teig rühren.
- Die Gugelhupfform mit einem Pinsel einölen und mit den Semmelbröseln ausstäuben.
- Den Teig in die Form füllen und im, auf 180° vorgeheizten, Backofen 50-55 Min. backen. Die Form im unteren Drittel des Backofens platzieren.
- Stäbchenprobe!
- Den Kuchen aus dem Ofen nehmen und nach 10 Min. vorsichtig auf eine Kuchenplatte stürzen.
- Den Puderzucker mit 1-2 EL Rosenlikör und etwas heißen Wasser zu einem geschmeidigen Guss verrühren. Den Kuchen damit bestreichen.
- Den Kuchen erst ganz erkaltet anschneiden.

Saftiger Aprikosen-Kuchen

Zutaten (für Ø = 26 cm)

800 g Aprikosen

300 g Zucker

2 Eier

Saft und Schale von ½ Biolimette

100 g flüssige Butter

100 ml Milch

50 g Buchweizenmehl

50 g Lupinenmehl

100 g Universalmehl glutenfrei

½ Natronpulver zum Backen

Puderzucker

1 Pck. Vanillezucker

Zubereitung

- Aprikosen waschen, entsteinen und vierteln.
- Alle Zutaten mit dem Schneebesen des Handrührgerätes ca. 2 Min. verrühren.
- Aprikosen gleichmäßig unterheben.
- Springform (Ø = 26 cm) mit Butter fetten und mit Mehl ausstäuben.
- Den Teig in der Springform verteilen.
- Backofen auf 180° vorheizen und Kuchen ca. 50-60 Min. backen.
- Stäbchenprobe!
- Eventuell nach 45 Min. mit Alufolie abdecken.
- Kurz vor dem Servieren mit Puderzucker bestäuben.
- Der Kuchen schmeckt am besten lauwarm.

Aprikosen-Crumble

Zutaten

1 kg Aprikosen

Streusel:

200 g Zucker

200 g Butter

250 g Maismehl

50 g Lupinenmehl

1 Auflaufform ca. 25x35 cm

Zubereitung

- Aprikosen waschen, entsteinen und je nach Größe in 8-12 Stücke schneiden.
- In der gebutterten Form verteilen.

Streusel:

- Weiche Butter und Zucker schaumig rühren.
- Die Mehle dazu geben, weiter rühren bis sich Streusel gebildet haben.
- Die Streusel gleichmäßig auf den Aprikosen verteilen.
- Backofen auf 180° vorheizen und Crumble ca. 45 Min. backen bis die Streusel goldbraun sind.
- Abkühlen lassen und mit Vanilleeis servieren.

Tipp

- Schmeckt auch ohne Eis, lauwarm oder kalt.
- Kann 1 Tag im Kühlschrank gelagert werden.

Müsli-Schoko-Berge

Für Naschkatzen

Zutaten

100 g weiße Schokolade

100 g Bitterschokolade

12 EL Früchtemüsli glutenfrei

2 EL Lupinenflocken

Zubereitung

- 100 g weiße Schokolade im Wasserbad oder in der Microwelle (500 W) schmelzen.
- Müsli mit den Lupinenflocken mischen.
- Die Mischung mit einer Kuchengabel unter die geschmolzene Schokolade rühren.
- Etwas abkühlen lassen.
- Mit zwei Teelöffeln kleine Häufchen auf Backpapier setzen.
- Ca. 4 Std. ruhen lassen.
- In einer Blechdose aufbewahren (oder gleich vernaschen).
- Die 2. Portion mit der Bitterschokolade ebenso zubereiten.

Tipp

Schmeckt am besten mit hochwertiger Schokolade.

Rosa

Möhren-Mandel-Kuchen

Zutaten (für Ø = 26 cm)

Teig:

100 g gemahlene Mandeln

300 g Möhren

50 g Buchweizenmehl

25 g Lupinenmehl

150 g Universalmehl glutenfrei

250 ml Sonnenblumenöl

2 TL Backpulver

190 g Zucker

1 Pck. Bourbon-Vanillezucker

1 TL Zitronenabrieb

1 Prise Salz

4 Eier

Butter für die Form

Guss:

200 g Puderzucker

4 EL Orangensaft

Alternativ:
2½ EL Orangensaft,
1½ EL Kirschwasser
oder Rum

Verzierung:

Marzipanmöhren

Mandelblättchen

Zubereitung

- Die Möhren waschen, putzen und fein raspeln.
- Die Mehle mit dem Backpulver, Zucker, Vanillezucker, Zitronenabrieb und Salz gut mischen.
- Backofen auf 175° vorheizen.
- Langsam das Öl in den Teig einrühren.
- Nach und nach die Eier dazu rühren bis der Teig glatt ist.
- Die Möhren und die Mandeln gleichmäßig unter den Teig heben.
- Eine Springform (Ø= 26 cm) mit Backpapier auslegen und den Rand buttern.
- Den Teig in die Form füllen und ca. 60 Min. backen.
- Stäbchenprobe!
- Den gesiebten Puderzucker mit dem Orangensaft glatt verrühren und den lauwarmen Kuchen damit überziehen.
- Nach Belieben verzieren.

Tipp

Schmeckt auch mit Schokoladenraspeln auf dem Guss verteit.

Mandel-Gugelhupf
mit Limettenguss

Zutaten

100 g gehackte Mandeln

200 ml Rapsöl

200 g Zucker

1 Pck. Vanillezucker

1 Prise Salz

3 Eier

50 g Buchweizenmehl

50 g Lupinenmehl

50 g Maismehl

50 g Universalmehl glutenfrei

2 EL Milch

TL gehäuft Weinsteinbackpulver

50 g Schokoraspeln

125 g Puderzucker

2 TL Limettensaft (oder andere Säfte)

1 EL gutenfreie Semmelbrösel (für die Form)

Zubereitung

- Die Eier schaumig schlagen. Zucker, Vanillezucker und Salz unterrühren. Nach und nach das Öl hinzufügen und rühren bis eine dickliche Masse entstanden ist.
- Die Mehle mit dem Backpulver mischen, die Mandeln dazu geben und mit der Milch unter die dickliche Masse rühren.
- Die Schokoraspeln unterrühren.
- Die Gugelhupfform fetten und mit den Semmelbröseln ausstäuben.
- Den Teig in die Form füllen und im, auf 180° vorgeheizten, Backofen 50-55 Min. backen. Die Form im unteren Drittel des Backofens platzieren.
- Stäbchenprobe
- Den Kuchen aus dem Ofen nehmen und nach 10 Min. vorsichtig auf eine Kuchenplatte stürzen.
- Den Puderzucker mit dem Limettensaft zu einem geschmeidigen Guss verrühren. Den Kuchen damit bestreichen.
- Den Kuchen erst ganz erkaltet anschneiden.

Obsttorte mit Schokoboden

Zutaten

Boden:

4 Eier

200 g Zucker

1 Schoko-Puddingpulver laktosefrei

1 EL Kakao

2 TL Backpulver

200 g gemahlene Mandeln

3 EL Lupinenflocken

Belag:

2 Becher Sahne

2-3 Sahnesteif

100 g Schokoraspeln zartbitter

1 EL Rum

1 Glas Sauerkirschen oder Pfirsischstücke oder Heidelbeeren

Tipp

Die Torte schmeckt besonders gut am 2. Tag.

Zubereitung

- Die Lupinenflocken im Mörser fein zerreiben.
- Eier und Zucker schaumig rühren und mit dem Puddingpulver und dem Kakao gut verquirlen.
- Die Mandeln und die Lupinenflocken mit dem Backpulver unterrühren.
- Eine Springform (26-28 cm) mit Backpapier auslegen, den Teig hinein füllen und im vorgeheizten Backofen auf 175°, 30 Min. backen.
- Stäbchenprobe
- Die Backform aus dem Ofen nehmen und etwas auskühlen lassen, auf eine Tortenplatte stürzen und das Backpapier langsam abziehen.

Belag:

- Die Sahne mit Sahnesteif schlagen.
- Das Obst (gut abgetropft) unter die Sahne mischen, dann die Schokoraspeln dazumischen.
- Einen Tortenring um den ausgekühlten Boden legen.
- Den Rum über dem Boden verteilen.
- Die Obst-Sahne-Mischung auf den Boden geben und glatt streichen.
- 1 Stunde kühlen.

Mandel-Gugelhupf

Zutaten

50 g Buchweizenmehl

50 g Lupinenmehl

200 g Universalmehl glutenfrei

250 g Zucker

¾ Tüte Weinsteinbackpulver

150 g Mandeln gemahlen

150 g Schockoraspeln

3 Eier

180 g zerlassene Butter

100 ml Mandellikör (oder Bailey´s oder Sahne)

100 ml Mineralwasser

2x kalte Espressi

Zubereitung

- 2 Espressi kochen und auskühlen lassen
- In einer grossen Schüssel Mehle, Zucker, Backpulver, Mandeln und Schockoraspeln gut mischen.
- In einer zweiten Schüssel Eier, Butter, Likör (oder Sahne) verrühren.
- Die kalten Espressi dazu rühren.
- Die Zutaten der zweiten Schüssel in die grosse Schüssel geben und zu einem glatten Teig verrühren.
- Den Teig in eine gebutterte und mit Buchweizenmehl ausgestäubte Form füllen und im, auf 180° vorgeheizten, Backofen 70 Min. backen. (Stäbchenprobe)
- Den Kuchen auskühlen lassen, danach auf ein Kuchengitter stürzen.
- Nach vollständigem Erkalten mit Puderzucker oder Schockoglasur sowie Mandeln verzieren.

Smoothies

Grüner Smoothie

mit Feldsalat

4 Portionen

Zutaten

ca. 75g Feldsalat (½ Paket)

½ Avocado

1 Orange

200 ml Apfelsaft

250 ml Wasser

2 EL Lupinenflocken

1 EL Akazienhonig

(wenn zu dick etwas mehr Wasser oder Saft hinzufügen.)

Zubereitung

- Feldsalat waschen.
- geschälte Avocado in Stücke schneiden.
- Orange schälen
- Alle Zutaten im Mixer mixen bis keine groben Teile mehr zu erkennen sind.
- Auf 4 Gläser verteilen und gekühlt servieren.

Anmerkung

Kann im Kühlschrank 24 Std. frisch gehalten werden.

Grüner Smoothie
mit Ananasaft
4 Portionen

Zutaten:

2 Hand voll Babyspinat

2 Hand voll Ruccola

¼ Salatgurke mit Schale

1 Banane

500 ml Ananassaft

2 EL Lupinenflocken

1 TL Akazienhonig

Zubereitung:

- Spinat, Ruccola und Salatgurke waschen.
- Salatgurke in grobe Stücke schneiden.
- Banane schälen und in Scheiben schneiden.
- Alle Zutaten im Mixer mixen bis keine groben Teile mehr zu erkennen sind.
- Auf 4 Gläser verteilen.

Anmerkung:

Kann im Kühlschrank 24 Std. frisch gehalten werden.

Bananen-Joghurt-Smoothie

3 Portionen

Zutaten

250 ml Naturjoghurt

2 Hand voll roter Eichblattsalat

Stiele und Grünzeug von 2 große Fenchelknollen

1 Banane

150 ml Orangensaft

1 EL Lupinenflocken

1 TL Akazienhonig

Zubereitung

- Banane in 2 cm dicke Scheiben schneiden.
- Den gewaschenen Salat zerpflücken.
- Das Fenchelgrün und die Stiele klein schneiden.
- Alle Zutaten im Mixer mixen bis keine groben Teile mehr zu erkennen sind.
- ½ Std. in den Kühlschrank stellen.
- Umrühren und in Gläser füllen.

Sommer-Smoothie
mit Melone
3-4 Portionen

Zutaten

½ Cantaloupe Melone
(wahlweise auch andere Sorten)

1 reife Banane

½ Avocado

2 handvoll Grüner Salat
(äußere Blätter sehr geeignet)

Saft einer Limette

2 ELLupinenflocken

1 TL Akazienhonig

ca. 300 ml Wasser

Zubereitung

- Melone schälen und in grobe Stücke schneiden.
- Banane und Avocado schälen und in grobe Stücke schneiden.
- Alle Zutaten im Mixer mixen bis keine groben Teile mehr zu erkennen sind.
- Abschmecken: Falls die Konsistenz zu dick ist, noch etwas Wasser hinzufügen.
- Gekühlt servieren.

Avocado-Cocos-Smoothie

4 Portionen

Zutaten

1 kleine Avocado

2 Hand voll Salat
(verlesen und gewaschen, möglichst dunkle Sorten)

1 Tasse Cocosmilch (ca. 125 ml)

2 Tassen Wasser

2 Tassen Orangensaft

1 EL Lupinenflocken

2 EL Honig

Saft einer halben Limette

Zubereitung

- Alle Zutaten im Mixer, erst auf niedriger Stufe, dann auf höchster Stufe, sehr fein mixen.
- Abschmecken und im Kühlschrank ca. ½ Std. kühlen.
- Vor dem Servieren nochmals gut umrühren und in Gläser füllen.

Tipp

Schmeckt auch sehr gut mit Ananas- an Stelle von Orangensaft.

Joghurt-Smoothie
mit Banane und Basilikum
(2-3 Portionen)

Zutaten

250 ml Naturjoghurt

½ Banane

ca. 200 ml Orangensaft

1 EL Lupinenflocken

1 EL Akazienhonig

2 EL Basilikum-Pesto (z. B. Reste aus dem Mixer von Rezept aus Seite 54) oder einige Blätter Basilikum

Zubereitung

- Alle Zutaten im Mixer erst auf kleiner, dann auf der höchsten Stufe sehr fein mixen.
- Kühl stellen.

Tipp

Schmeckt auch sehr gut mit Maracujasaft.

Nachspeisen

Avocado-Limetten-Creme

4 Portionen

Zutaten

1 reife Avocado

1½ Limetten

4 EL Puderzucker

300 g Naturjoghurt

125 ml Sahne

6 EL Lupinenflocken

2 TL Rohrzucker

etwas Butter

Zubereitung

- Fruchtfleisch der Avocado mit dem Saft der Limetten in ein Bechermaß geben.
- Den Puderzucker hinzufügen und alles gut pürieren.
- Die steifgeschlagene Sahne und das Joghurt vorsichtig unterrühren.
- 1-2 Stunden im Kühlschrank kühlen.
- Die Lupinenflocken in einer Pfanne mit etwas Butter und dem Zucker leicht anrösten.
- Dann abkühlen lassen.
- Vor dem Servieren auf der Creme verteilen.

Tipp

Sieht in kleinen Gläsern serviert sehr schön aus.

Alternativ zu den Lupinenflocken schmecken auch gehackte Pistazien sehr gut.

Preiselbeer-Quark-Dessert

2 Portionen

Zutaten

250 g Quark laktosefrei 40% (oder 20%)

1 TL Vanillezucker

4 EL Wildpreiselbeeren aus dem Glas

2 EL Lupinenflocken

1 TL flüssigen Honig

1 EL Kokos-Chips oder -Flocken

ca. ½ TL Butter

Zubereitung

- Die Lupinenflocken in die zerlassene Butter einrühren.
- Den Honig darüber träufeln und leicht anrösten.
- Das Ganze abkühlen lassen.
- Vanillezucker in den Quark einrühren.
- In 2 Dessert-Gläser je 1 gehäuften EL Quark füllen.
- Darauf je 1 TL Lupinenflocken streuen.
- Restlichen Quark mit den Preiselbeeren verrühren und in die Gläser füllen.
- Die Lupinenflocken mit den Kokos-Chips mischen und über das Dessert verteilen.
- Vor dem Servieren mindestens eine Stunde im Kühlschrank kalt stellen.

Fruchtpudding

mit Knusper-Topping

4 Portionen

Zutaten

1 Vanillepudding (laktosefrei)

500 ml laktosefreie Milch

150 g frische Früchte
oder z.B. Fruchtcocktail aus der Dose

Topping:

2 EL Lupinenflocken

2 EL brauner Zucker

1 EL Mandelblättchen

Zubereitung

- Früchte (z.B. Trauben, Aprikosen) klein schneiden.
- Pudding kochen, etwas abkühlen lassen.
- Kräftig mit dem Schneebesen durchrühren.
- Die Früchte unterheben.
- Das Ganze auf 4 Dessert-Gläser verteilen.
- Die Lupinenflocken in einem Mörser grob verkleinern.
- In einem beschichteten Töpfchen oder einer kleinen Pfanne den Zucker mit den Lupinenflocken und den Mandeln mischen.
- Die Mischung so lange erhitzen bis sich der Zucker auflöst und die Mandeln und Flocken leicht gebräunt und knusprig sind.
- Achtung! Währenddessen immer umrühren, damit die Mischung nicht verbrennt!
- Das Knusper-Topping auf dem Fruchtpudding verteilen.
- Im Kühlschrank kalt stellen.
- 30 Min. vor dem Verzehr aus dem Kühlschrank nehmen.

Apfel-Espresso-Dessert

4 Portionen

Zutaten

150 g Magerquark laktosefrei

150 g Frischkäse laktosefrei

100 ml Schlagsahne laktosefrei

50 g Zucker

2 Msp. Kakaopulver

1 kalter Espresso

2 EL heißes Wasser entfällt

ca. 350 g Apfelkompott
(selbst hergestellt oder aus dem Glas)

2 EL Lupinenflocken

3 EL Kornflakes ungesüßt

50 g Original italienische Amaretti (sind ohne Mehl)

½ TL Butter

zur Deko etwas Kakaopulver

Zubereitung

- 1 Espresso kochen, abkühlen lassen und in den Kühlschrank stellen.
- Quark, Frischkäse, Kakaopulver und Zucker verrühren.
- Die Sahne steif schlagen.
- Den kalten Espresso in die Quark-Frischkäse-Creme rühren und danach die Sahne gut dazumischen.
- Die Lupinenflocken mit der Butter etwas anrösten.
- Die Kornflakes in den Topf geben und untermischen.
- Topf von der Kochstelle nehmen.
- Die Amaretti grob zerstoßen, ebenfalls in den Topf geben und untermischen.
- In 4 Dessertgläser (ca. 200 ml) je 1 EL Apfelkompott füllen.
- Darauf 1 EL von der Flockenmischung verteilen, darüber 1 ½ EL Espressocreme geben.
- Dann nochmals je 1 EL Apfelkompott und 1 EL Flockenmischung schichten.
- Die restlich Creme darüber geben und mit etwas Kakaopulver bestäuben (auch eine essbare Kaffeebohne sieht gut aus).
- Gut gekühlt servieren.

Choco-Heidelbeer-Mousse

4 Portionen

Zutaten

Rezept siehe Folgeseite oder optional 1 Packung Mousse au Chocolat für 250 ml laktosefreie Milch

200 g Waldheidelbeeren aus dem Glas oder 150 g frische Heidelbeeren

100 ml Sahne laktosefrei

1 EL Schmand laktosefrei

2 EL Lupinenflocken

1 EL Pinienkerne oder gehackte Mandeln

2 EL brauner Rohrzucker

Zubereitung

- Mousse au Chocolat nach Angaben zubereiten.
- Die Lupinenflocken mit den Pinienkernen im Mörser grob zerkleinern.
- Den Rohrzucker in einer kleinen Pfanne auflösen.
- Die Lupinenmischung dazu geben und unter ständigem Umrühren karamelisieren und leicht anrösten (Vorsicht: Verbrennt schnell).
- Auf einem Teller verteilen und auskühlen lassen.
- Die Heidelbeeren gut abtropfen lassen und bis auf 2 EL unter das Mousse ziehen.
- Danach noch die Lupinenmischung unterziehen.
- Das Mousse auf 4 Dessertgläser verteilen.
- Die Schlagsahne nicht ganz steif schlagen und den Schmand untermischen.
- Das Ganze auf den Gläsern verteilen und mit den restlichen Heidelbeeren verzieren.

Tipp

Schmeckt auch mit Sauerkirschen sehr gut.

Mousse au chocolat

Zutaten

3 EL Zucker (Esslöffel)

3 Eier (Bioeier verwenden)

150gr Schokolade (Zartbitter, schwarz)

4 EL Wasser

300 ml Sahne

1 Prise Salz

Zubereitung

- Zucker und Eigelb mit dem Schwingbesen zu einer schaumigen Masse verrühren bis die Farbe hellgelb wird.
- Schokolade mit 4 Esslöffel Wasser in einem kleinen Topf warm machen (schmelzen). Sofort dem Eigelb beifügen und gut vermischen.
- Sahne steif schlagen, der Schokomasse hinzufügen.
- Eiweiss mit einer Prise Salz zu Eierschnee schlagen.
- Die Hälfte des Eierschnees ganz behutsam mit dem Schwingbesen unter die Schokoladenmasse ziehen (dabei den Schwingbesen locker aus dem Handgelenk drehen), danach ganz behutsam die zweite Hälfte des Eierschnees darunterziehen.
- Mousse ca. 2 Stunden in den Kühlschrank stellen.

Tipp

Mousse am Tag der Zubereitung verzehren.

Über die Autorin

Annemarie Beckmann,

geb. am 11.09.1948 in Bamberg/Bayern, lebt mit ihrem Ehemann in einer Kleinstadt in Hessen, in der Nähe von Frankfurt am Main. Neben ihrem Berufsleben, hat sie zwei Kinder großgezogen. Im Laufe der Jahrzehnte hat sie viel Erfahrungen in der Zubereitung aller Arten von Speisen gesammelt. Aufgrund eigener gesundheitlicher Probleme muss sie sich schon seit mehr als 20 Jahren gluten- und laktosefrei ernähren. Dies hat ihre Experimentierfreudigkeit beim Kochen und Backen noch gesteigert. Die Süßlupine ist eine neue Herausforderung leichte und gesunde Rezepte zu entwickeln.

Hersteller von Lupinen-Produkten (Auswahl)

PIOWALD GmbH

Am Mühbrooker Meer 3

24582 Mühbrook

Tel. 04322-885 666-0

info@piowald.com

www.piowald.com

Prolupin GmbH

Tribseeser Chaussee 1

18507 Grimmen

info@prolupin.de

www.prolupin.de

Produkte aus Blauer Süßlupine

Brotbüro GmbH

Osterstraße 58

20259 Hamburg

Tel. 040-4130 4858

info@brotbuero.de

www.brotbuero.de

Produkte aus Weißer Lupine

Biolandhof Klein

Schmiedsgasse 1

97877 Wertheim–Sachsenhausen

Tel. 09342 6386

biolandhof-klein@t-online.de

www.lupinenkaffee.de

Lupinenkaffee und anderes

Zwergenwiese Naturkost GmbH

Langacker 1

24887 Silberstedt

Tel. 04626 18310

info@zwergenwiese.de

www.zwergenwiese.de

Lupinen-Aufstriche

Biolandhof Kelly/Warnke

Oberndorf 20/1

88634 Herdwangen

Tel. 07557-929 919

info@biolandhof-kelly.de

www.biolandhof-kelly.de

Lupinenkaffee und andere Produkte

Weitere Hersteller finden Sie im Internet unter

http://lupinen-netzwerk.de/wertschoepfung/human-ernaehrung/uebersicht-verarbeiter-produkte/

Von Jörg Rinne

Zahlreiche Gründe sprechen für eine vegetarische oder sogar vegane Lebensweise. Der Verzicht auf tierische Eiweiße erfordert jedoch adäquaten Ersatz, um den Organismus im Rahmen einer gesundheitsbewussten Ernährung mit allen wichtigen Nährstoffen zu versorgen.

Eine ausgewogene Ernährung ist dank einer Pflanze möglich, die uns – allein dank Züchtung ganz ohne Gentechnik – seit 80 Jahren auch als essbare Variante zur Verfügung steht: die Lupine.

Bislang als Geheimtipp nur wenigen bekannt, finden Lupinen als wohlschmeckende, eiweißreiche und rundum gesunde Zutat in immer mehr Küchen Verwendung. Viele schmackhafte Produkte aus Süßlupinen sind preisgünstig im Handel erhältlich. Die in diesem Buch vorgestellte Auswahl an Lupinen-Rezepten bietet eine erste Orientierung im Umgang mit dieser wunderschön blühenden Pflanze.

Erlangen Sie erstaunliche Einblicke in die Zusammensetzung und Wirkungsweise der Süßlupinen, deren Inhaltsstoffe ein ungeahntes Potential aufweisen.

mit Abbildungen, 116 Seiten,

ISBN: 978-3-944615-24-0

12,90 €

Von Romy Häckelmann

Natives Kokosöl ist ein altes Geheimnis fernöstlicher Küchentradition.

Alles Wissenswerte über dieses erstaunliche Öl, warum es für eine gesundheits- und figurbewusste Ernährung so wertvoll ist, wie man es anwendet und zu köstlichen Gerichten verarbeitet, erfahren Sie in diesem Buch von Romy Häckelmann, die die Produkte aus der Kokosnuss für Sie entdeckt und kulinarisch aufbereitet hat.

Rund 240 leicht nachvollziehbare Rezeptanleitungen, ergänzt durch viele hilfreiche Hinweise, Tipps und weiterführende Informationen zur Wirkungsweise der Bestandteile des Öls auf den Organismus, zu verwendeten Ausgangsprodukten und deren natürlichen bioaktiven Nahrungswirkstoffen erleichtern den Einstieg in eine abwechslungsreiche vegetarische und vollwertige Küche. Auch fortgeschrittenen Köchen vermittelt dieser praktische Ratgeber zahlreiche kreative Ideen, um aus gesunden Zutaten leckere und besondere Gerichte zu zaubern.

gebunden 300 Seiten

ISBN: 978-3-940392-23-7

23,50 €

Herausgeber: Marianne Kissel-Lesser, Werner Lesser, Dorothee und Klaus North

In diesem Kochbuch spielt das frische Gemüse die Hauptrolle. Mehr als 100 Rezepte für mehr als 30 Gemüsesorten bieten eine große Genuss-Vielfalt für alle Geschmäcker. Auch Vegetarier und Veganer werden hier fündig. Einfache, schmackhafte und gesunde Zubereitungsarten zeigen, wie man aus selbst angebauten Feldfrüchten köstliche Gerichte zaubert. Eine Gliederung nach Speisearten und Saisonzeiten erleichtert die Übersicht.

Die Kochbuch-Idee entstand im Umfeld des Saisongarten-Projekts auf dem Darmstädter Hofgut Oberfeld. Basis ist die Rezeptsammlung der Herausgeber, die aus 3-jähriger Saisongarten-Erfahrung resultiert. Viele der begeisterten Gärtnerinnen und Gärtner haben weitere Rezepte eingebracht. Alle Gerichte wurden probegekocht, viele wurden im Saisongarten gemeinsam verkostet.

Speisen und Gemüse wurden professionell von Daria Höfler-Lai, Albrecht Haag und anderen fotografisch in Szene gesetzt. Die Illustrationen hat Martina Hillemann beigesteuert.

Dieses Buch bietet viele Inspirationen für alle Menschen, die Freude am guten Essen, Spaß an der Verarbeitung von frischem Gemüse und Interesse am Gärtnern haben.

Durchgehend 4-farbig, Hardcover, 232 Seiten,

ISBN: 978-3-939272-63-2

20,00 €

Von Andrea Kurtz

Was bisher allgemein als Unkraut ungeliebt und vernichtet wurde, können Sie jetzt mit diesem Buch zu leckeren Köstlichkeiten verarbeiten. Zaubern Sie dank essbarer Wildpflanzen und Blüten außergewöhnliche Gerichte, die sich im wahrsten Sinne des Wortes »sehen« lassen können. Eine bunte, energiegeladene Mischung: vegan, vegetarisch oder mit Fleisch.

Sie müssen kein Wildkräuterexperte sein, um mit diesem Kochbuch sofort loszulegen. Das kleine 1x1 der Wildkräuter kennen Sie alle: Brennnessel, Löwenzahn, Klee, Gänseblümchen & Co. Damit lassen sich bereits eine Vielzahl von Gerichten gestalten – oft mit minimalem Zeitaufwand.

Erfahren Sie zudem Spannendes über die »Seele« eines jeden Krautes, dessen Besonderheiten von der Wildkräuterexpertin Andrea Kurtz ausführlich beschrieben werden. Das Buch umfasst sechzig Rezeptideen, die alle von der Autorin persönlich gekocht und fotografiert wurden.

Durchgehend 4-farbig Hardcover 180 Seiten,

ISBN: 978-3-944615-20-2

23,50 €